Poesia Original

KITNET DE VIDRO

kitnet de vidro

DIULI DE CASTILHOS

poemas

1ª edição, São Paulo, 2024
1ª reimpressão, 2025

LARANJA ● ORIGINAL

para vó ica e vó nega

*Hoje estou convencido que a Poesia não pode ficar nisso.
Tem de ir além. Pra que aléns não sei não e a gente nunca
deve querer passar adiante de si mesmo*

Mário de Andrade

*ai que bom seria ter um bigodinho
além das lentes dos óculos ficar
escondida por trás de uma taturana capilar
um bigodinho para poder estar*

Angélica Freitas

Um xis burger não é um hot dog

Júpiter Maçã

pequenas brutalidades

lisa matilda

mamãe me queria
lisa matilda
com os dentes compridos
e a pele plácida
armada de pintas
restrita no sexo
e de grandes vontades

não dá pra querer tudo, mãe

desculpe, linda

que tão fixamente
mira minha carranca
seus olhos de amêndoa
sua boca de ameixa
triscada por um gracejo
um rosnado silencioso
a mostrar que — veja só!
mesmo de camisa de dormir
e um pedante mau humor
talvez eu dê um caldo

desculpe,
minha reação automática foi
desviar desse rio.
o que levo em mim e na mochila
é puro desgosto dor de estômago
chiclete mascado por horas
horas de atraso sem almoço
foi mal, não sei lidar com nuances
e charmes incalculados

ainda tento voltar o olhar
confirmar que você o retribui
que apesar do meu esforço
minha lata não assusta não vaza
que eu ainda sustento tudo
e não me levanto contra
esse vagão lotado em que
despendo dispenso dependuro

deveria pular o muro
esmurrar a porta
encarar o processo

não, apenas seguro firme
o telefone no bolso
pisando passos anônimos
você já foi
talvez não tenha sido comigo
talvez fosse só um espasmo
involuntário reativo ou inodoro

ou talvez seja mesmo eu

helena boa não cuida de suas coisas

helena boa dá o que lhe tomam.
eu não sou helena boa, não há como sê-lo,
como se as coisas não passassem
de penduricalhos a nos separar do mundo,
como se não fosse tudo tão fácil de entender:
helena boa é boa, o bandido é mau
e o carinha que toca violão é um fodido
fadado a escrever o que o russo jogou fora e,
ao fim, quem sabe, crie uma filha
que não saberá se comportar no transporte coletivo.
eu não sou helena boa, não demonstro o que tenho,
não deixo chegar perto e se chegam disparo.
as coisas têm meu nome sei de onde vieram
quem me deu de quem roubei quantas vezes carreguei
e se, em levando, a sacola rasgou, a caixa molhou
ou apareceu quebrado do nada.
eu sei o que é meu, sei o que fazer com tudo isso,
não deixo qualquer um tirar do lugar, dar outro fim.
não sou helena boa, helena boa vai pro céu,
almoça strogonoff, assina clube do livro
de autoras asiáticas, usa roupas em tom pastel
e atualiza as redes sociais com o que realmente acredita.
eu não, eu carrego minhas coisas comigo.
sei onde estão quando preciso pagar uma conta
ou abrir uma reclamação. eu volto pra buscar.
quando morrer, enfim, descansará a coleção
num raro vaso garimpado, ostentando,
contente, seus próprios podres.

do verso de um geertz

não me coma depressa, amor
não. antes, mira vê observa
repara na combinação de cores
no detalhe da meia

comenta o corte de cabelo
a textura dos tecidos
percorre com a visão
o prenúncio do que será
os dedos depois língua
mas, sempre, primeiro, os olhos

quem espera o desabrochar da rosa
pela manhã
não arranca sua raiz
nem quebra seu caule
sem alguma cerimônia

e mesmo que os nervos anseiem
pelo toque pela posse pelo gozo
urgente a um pedido agora
sê firme: o final sempre vem

se o queres tão-só, que busque a menor preço

eu desejo o meio
pois que correndo resto
apenas convite e fadiga

perco toda a vista

poema da cidade sem fim

subo a consolação de costas
à procura dum encaixe esterno
que guarda minha cara do chão

dizem que nasci do-mundo
feita de asas sem sotaque
faminta bebedora de saliva

reservaram-me
cosmopolitismos tímidos
deslumbramentos vacilantes
fungo muito em água mínima

desbiciclética

todos os homens a quem confessei
essa terrível falha em minha formação
prometeram-me ensinar o segredo do equilíbrio.
sigo acumulando falhas de formação.

passou por aqui

meu caminhãozinho
arriou da tua areia

chamaram resgate
a carga vai noutro
melhor equipado

os grãos que sobraram
vão voar no vento ou
entrar nas frestas das
minhas madeiras

vou colar um adesivo
e quando estiver
de pneus novos
de volta à estrada
todos vão saber

150bpm

atravessando a república
ouço tati quebra barraco
metendo beat em microfonia

(no fundo do fone
kim sun sola como o
nono beatle em st fco
de repelo acometido
em torpe soroche)

da miopia entendo tati
dando ordens e busco
vestígios de uniforme
será manifestação? mas
pelo quê? é quase natal!

em nome de jesus distingo aos poucos
longas saias saudosas da presença
glória em decreto extermínio
a repetir camisetas
persiste joão quem crê não perece

só ao largo saquei
em sonho democrático match
o beat era feat
coreia skunk & louvor

vila buarque

língua molhada de shoyu batendo nos dentes
enquanto fala li-tera-tura

ruas que conheci primeiro
pela tua boca de nomes inteiros
quando bato o olho na placa
coração dá três freminhos

a linha que divide tua testa é uma marca do tempo ou dum
[trampesco?

variações diatópicas diacrônicas diastráticas
dialógicas diafóricas diadrômicas diagonais
na cama imensa

requeijão na saída alho-poró
o adoçante que fica no corpo
e seu jeito de reclamar da demora
com parênteses reticências parênteses

cê canta chico do chuveiro
e eu da cama um dueto

se inteligente me punha logo dúvida

às vezes me ocorre ficar burra
não sei escrever um e-mail
uma declaração de amor
ou de renda
comentar um filme
fazer uma piada esperta

mas o caminho até a condução
minhas pernas sabem de cor

tarecos

eu bem queria um amor da vida
que soubesse o antídoto pra todas as minhas cretinices
e conhecesse formas inéditas de me revirar os olhinhos e
[encher as narinas

eu bem queria uma cintura fina e um sorriso no rosto
mas resta um saco de tarecos obsoletos em secular
[decomposição plástica

nascente

tudo começa com uma coceirinha atrás do umbigo
tem algo de orgástico algo de cócega
uma palavra joga um charme a sintaxe cochicha
e o que sai tem cheiro de pinhão sapecado
som de câimbra no mindinho

depois tem algo de apneia
algo de virar cambalhota e perder as calças
de voltar atabalhoada depois do quebra-mola
de adivinhar o futuro num miado de rua
de largar uma coisa no meio porque sim
vontade de ser o que não dá
fé numa coisa que se não correr o olho não bate

e há que se hidratar em antoníssimas letras
doces ácidos sonrientes que desviram o tutano
coçam até arrancar couro na unha
tantos que esqueci tremetremenda na condução
tantos que ouvi de graça pelo telefone
taí...

caio f disse que escrever é enfiar o dedo na garganta
vomitar o que se leu e virou alimento
aí peneirar moldar a gosma etc mas
primeiro, dedo na goela

estrume do amor

é tão inacessível falar de ciúme
que o maior poeta da tropicália
ainda que insistisse
o melhor que conseguiu
foi uma rima de merda

é bolsa de urina apêndice
pelo qual também
é preciso se apaixonar

na paixão já aprendi
a ir descobrindo aos poucos
qualquer poça é demais
a tudo impregna gruda oxida
tecido papel se sair o cheiro
restará a mancha, se ela
for a memória saberá

tem coisas que se escolhe esquecer
mas há que simplesmente cheirar
encher as narinas do doce que se revela
acostumar-se até o óbvio
tornar-se tolo, menor

não resolve
é apenas evitar cortar as mãos
após o descarte de tudo contaminado
lidar em dormir na cama
mijada

ainda que a mancha já
se tenha misturado às outras

olhar pra incapacidade
civil de controlar o próprio corpo
seria solução se se descobrisse
a forma de gostar da presença
do mijo nas coisas
não o meu, o de outra
a grande outra

deixar que encoste
e gozar com a pele
que o absorve
lambê-la então

ulisses

quando, em oito anos,
chegar o fim
e abrir-se diante dele
a incomensurável vida
de logo após,
talvez já tenha aceitado
o destino desses milhões de homens
que abriram mão do ar e da água

anterior às fronteiras,
desejarei ter à mão uma mão amada
que ajude a carregar o fim
que vem depois

não há letra senão nessa esperança
marca d'água que só eu posso ver
minuto inédito em looping
mestre da justa forma que define a chave

de tudo, não tens medo
e será precisa e sábia a beleza
com que traças um plano
a fim de atingir o Silêncio

você pode, por ora, se concentrar em me agarrar?

você espera que eu fale de coisas maiores do que eu

    "não percas tempo em mentir"

    por que diabos eu não posso mentir?
    me deixa mentir
    me deixa *trabalhar* com o corpo

onde eu escrevo bem é onde me dizem
o que escrever

eu sou boa é de conjunções e advérbios
você vai ver
se me ler

açoites de açúcar

a depender, o cu

não é engraçado?
até o ontem da primeira vez
negava o cu sem reticência

meus mamilos se retraíam
à distância de um bafo ou se
não fossem apalpados na exata
concha central da mão em alça

coisa que jamais critiquei
me puxar o cabelo na nuca, os dedos
em garras de águia depois punho fechado

… suspeito que
pequenas brutalidades
e uns beliscões moleques
harmonizam com cu que é o diabo

lições maternas

guardar registro das coisas
em caligrafia charmosa e inconstante
calcular os recursos e não temer
tudo de caso pensado
andar só, séria e rápido.
essencial é ter um espelho
de corpo inteiro.

rua das acácias

ana c e eu dividimos casa
em diferentes estados
eu ilha, ela rio

nela recebeu
novinhos da gráfica
teus pés
e contou da neblina
que guarda o amor
correspondido

dela
a janela pedinte
no rabo de olho

transato

sempre achei 3 argolas em sequência o jeito mais lindo de
[enfeitar uma orelha,
mas cê só teve essa ideia depois

isso e as olheiras desfeitas te deixaram a coisa mais linda,
e pra mim
a imagem em que pensar quando encontro a saudade numa
[gaveta,

viver é tedioso

acordo com o gôsto do dia na ponta dos dedos
ferrugem chiclete gasto boneca com canetinha
andar sem cinto com um desconhecido
se for de acidente é porque era pra ser
se nenhum olho oferece espelho
borrar a máscara logo de início

gôsto de frase malescrita malentendida
tão definitiva quanto súbita
de epigramas no qrcode pro cartão de visitas
do relógio que se adianta um minuto
cada vez que tento acertar
da nova tradição da semana
de estar toda hora o outro

gôsto de filtro de cigarro
língua de começo de carreira
um gato sua única visita
areia úmida no piso limpo

gôsto de coxinha insossa
se revisitada seria ironia à coca gelada
estante cheia de suvenir de turista
comprado em bazar de igreja

passar resolvendo encruzilhada
o sentido na rua no meio do ciclone menino
do deslizamento de terra

        do ânimo
        da voz afetada

gôsto de frase feita
embalada legendada
pronta pra ontem

terça-feira

desço de moletom chinelo e meia
levar o lixo no contêiner
no último degrau em frente ao prédio
escorrego e quase caio
com o lixo do banheiro e tudo
fui salva por uma mão
que firme me segurou
evitando um pé virado
já estava "opa, nossa, muito obr-"
quando olho o dono da mão
e andrew scott de gola padre
pede — em português —
eu sempre fui britânica —
se estou bem doeu muito preciso de ajuda
e — com a camisa dobrada
precisamente sem
ultrapassar o cotovelo —
pega a sacola que rolou longe
me pega no colo fazendo barulho
e aproveita pra dizer que fico linda
quando meu coque se desfaz
de um lado só

paciência

> *tua memória me presenteia com a magia do limite da espera*
> ana c

me pego repetindo o seu gesto
costumeiro
cofiando um bigode inexistente
acariciando a boca como se
        fosse a tua
                (a minha toda sua)
teu gesto me ensina a prestar
        atenção ao texto
                a vislumbrar as coisas em ênfase
                      a sentir tua falta com paciência

drummond foi o maior poeta da depressão, além de tudo

se cada vez que eu lesse uma mulher como Berlin
soubesse o que fazer com a voz como você,
não precisaria enfeitar a porta da geladeira
com um xerox chinfrim de ana c.

não assimilei a mais-valia relativa dos atalhos.
a vida se abre a cada passo rolando pedra
duvidando do apocalipse em cada virar de esquina.

na bicicleta uma garota muito lista ereta sentada no ferro
— as pernas tão finas quanto ele.
duas facas por cinco, uma dor sem origem.
preciso de um esforço muito grande pra escrever.
você deve achar isso uma besteira —
precisar de uma certa ponta de caneta,
um ponto certo de resistência da tecla ao toque.

a tentação do trilho do trem é invisível ao estado:
saber que não há um braço que se atreva a ajudar.
anterior à linha amarela, engulo o minuto, não travo tráfego.

em dois anos aprendi que existem
chácara klabin teatro do absurdo chat gpt
tio anatol mascate de gravatas charanga
voto em trânsito milei helena igñez barão
de mogi big louis sesc trap e baião de dois.
e gosto ainda mais do júpiter maçã.

procuro meu lugar: o que restou levava um papel dobrado.
um jovem de sapatão e fluorescentes calças
parecia detestar qualquer um que sentasse ali.

não parecia me detestar por mudar o papel de assento.
esperei que falasse a respeito ou deixasse pra próxima,
pra quem não vazasse dos fones a voz de rita lee.
rita lee morreu.

alguém ousaria simplesmente sentar no papel?
não me ocorreu reduzi-lo apertando suas vincas
dele eu desejava alguma comoção:
algo sobre o jovem, a maçã ou essa indecência de
não se ter o direito de sentir a roupa um pouquinho
antes de sair de casa.

em vez disso, duas senhoras.
no fundo de rita uma voz pedia dez ou vinte centavos,
qualquer coisa que tocasse meu coração.
uma prendeu o corpo antes de pegar o papel.
sentaram.

nítida a mão pendida negava atenção
segurou uns segundos ao lado do banco,
até o soltar displicente
olhando alto através da amiga —
como não fosse outra prática disponível:
trem de duas da tarde nesse barulho.

sacolas muito em frente ao peito,
gesticulavam pra não perder o equilíbrio.
a outra esbarrou na caneta.

duas estações. junto o papel do chão
quase pra incomodar a que soltou,
mostrar que vi a performance
desatinada lacônica sub-reptícia.
versículos esparsos, numa fonte
serifa de máquina sem toques,
seguem no meu lugar.

erro a catraca e um soco ignoto me aviva de novo.
você deve saber vomitar as coisas sem tanta resistência,
nem um dedo dúbio na garganta.
pesquiso um corte de cabelo que melhor disfarce
os cinco dias sem forças pra tomar banho.

pátina negra cicatriza a decoração sem partidas.
os chocolates perdem metafísica uma porção por vez.
não mais pedagogia do respirar no cigarro.
só uma janela fixa aberta no sexto andar.

de que vale a força do pulso no lápis
sem o lastro dum orgasmo em apneia?

subsumido

ao pé do mormaço trinta e oito
um pequeno submarino mete-se
pela minha vagina

está nele um homúnculo
sucinto ginete do pélago chão
que mal habituado o olhar
queda adesivo à paisagem

abotoa entusiasmado
no painel de mil dedinhos
incitando motores silenciosos

vibram como se atiçassem
o olho dum rio emergente
lúcido engodo

bem a tremedeira firma
a nave dilui no tecido
líquido da buceta furta-cor
ácidos todos sutilezas
expansões semióticas

o homenzinho sobressalente
nada meu sistema plasmático
sendo minúcias terminações
a mim então desconhecidas
calibradas no tato estrangeiro

atraído pela estática
em rede neurosa
flutua como lépido
numa enorme cama
lençóis de espuma

subindo a ladeira
meus ísquios ariscos
percebem um atrito
subitâneo:
pobre pequenino,
eu o havia esquecido!

com o correr do exercício
em flavescente temperatura
a piririca sugou o bichinho...
foi ele frito, serotonal?

se nele chegar este poema
mandem dizer
que apreciei o bacanal

todas as pessoas com internet se apaixonaram por joseph quinn

a partir do poema de fabrício
para eva green

pensei por horas na boca de joseph quinn
no contorno dos lábios tão bons de beijar
isso quando não espreme um sorriso tímido
normalmente sinal amarelo nos homens que considero beijar
mas que em joseph quinn acredito ser a prova de que
                             [conversaríamos sobre tudo

e ao final de um papo completa nuvem sem ar chapação
miraríamos olhos nos olhos cada qual comprimindo
o que se gasta ao dizer cedo demais

término

agora é esquecer que a maioria dos gestos são consequência de uma resposta compartilhada pra toda questão do mundo.

ensimesmo

me contemplas surdo
berrando gabos batidos
brilhando olhos irreflexos —
um esforço mínimo
e vais perceber:
tua gamação não passa
da córnea esquerda

teoria estética da nudez

se estudasse a teoria estética da nudez
não teria talvez de eleger como se replica
a quem tolhe se esconde ou evita
pensando contribuir no diálogo nacional

andam pela internet deixando marcas como cães que
mijam a cidade na ilusão do domínio encoleirado de um
                                                [canteiro

— como é viver cercada de tarados?
— quase te liguei pra saber se você tinha ficado menstruada
                                                [ou sei lá
— você é um universo a ser explorado!

(esse ensaio é performático
do calor escarlate
não cabe no horário do ônibus)

na galeria elas me encaram
perguntando incisivas se valeu a pena
a boca frouxa mente a apatia de todo dia
na erótica chave mecânica disponível.
os olhos coloridos, claque perene,
os encontram antes que eu controle
poso tentando alcançá-los

o peso da cabeça esmaga o pensamento

colono ápice

sentindo-o escorrer pelos cantos
e empapar-me as amígdalas
pisando sem faixa o mormaço
escorro-me antitética
a ressoar parafusos gelados

garoa pinheiros torneira aberta
escorre avalanche hidrelétrica
fantasia avançar a fronteira lejana
derrubar frágeis totens
arrastar a cada gesto uma
cerca que pretende dar conta
de mim que sou gás

escorro via terra muito
abaixo dos seus palanques
a regar lençóis do mito do rito
sugada por raízes ancestrais
que foram broto muito antes
de eu ser gota

nota para escrever um poema sobre herpes

pra alguém vaidosa
que olha o mundo pela boca
herpes é descaso do corpo
dizendo que nem tudo
vai ser assim
à la loca

soslaio êxtase

quero que você me leia

mas: mire as escolhas
tudo cabe consequência
não se pode lotar
uma folha em branco
de atos falhos.

atrasos pontuais

I

minha aura apenas pui
descendo do busão
na cidade mais feia de tudo
panos de prato desatinados
à venda na ladeira
ultrapasso todo mundo
batendo chinelinho
(costume que mantenho
de morar no litoral)
o cara atrás do bigode
leminski de chapéu vietnamita
fala eu não ouço pois resto
agarrada em corda bamba
ao requebrado david bowie
logo me ligo
pra saber o que comentar
da colega que odeia a mãe
        que deixou a alma na praia grande
        que precisa renovar o livro
        que acha que caiu num golpe
ao menos não trombei ainda
a que sempre tem algo a dizer sobre minha cara

II

de tanto atrasada chegar parei de bater o ponto
também pq a bateria do celular acaba antes
passei a inventar um horário com desconto
que eu não sou de deixar brecha não sou tonto

espelho

reconverso tudo tim-tim
mudo debate faiscante
agora sim num ritmo
que consigo acompanhar

se a mente cansada
deseja olhar lá fora
conferir o barulho —:
que susto! esqueci
que morava nessa rua
aquela onde estava
minutos atrás,
em outro país...

mas também, tolice,
por lá não passavam aviões!

os acontecimentos
sucedem sem que eu
faça falta
quando o sol cair
qual refletor quebrado
me bastará
atravessar a rua

cacto dos mares

matei o cacto dos mares
lembrança última do que
costumávamos rir
sobrou um cristo ressurgido
um cisto que fala a são chico
nunca comigo

fica pela casa e
distorce com o tempo
presente que ganhei
você mesmo usou
peguei de volta e
dei a outro

só acredito que vivi
nas coisas que se negam
a me deixar ou mudar
de nome, seguem dando
forma pro que passa

vou caminhando
com teus comentários sobre
a cidade
nos meus ombros

de que vale deitar tudo fora?

o que você me disse em sono

você não liga pra seleção
e os goleiros são todos muito bons
a chave disso tudo é calma

que saco isso né?
— o quê?
tudo que não é o oceano atlântico

essa parte toda já era
— qual?
a um e dois

não, tá tudo bem
tá tudo bem
as coisas tão acontecendo
é só uma questão de tempo

sonho do trampolim

sonhei que te via em primeira pessoa
rosto em close-up sorrindo grande
o olho espremido, cheio de linhas
e sempre um ruído, uma terceira voz
terceira presença ancorada ali de cantinho
talvez meu inconsciente estivesse aqui
reproduzindo miopia
o entorno é branco como raio de sol
monocromia pastel a evidenciar você
(e a terceira voz aguda assíncrona adversa)

você de bermuda sem camisa
você nunca ficou de bermuda sem camisa pra mim
                você no trampolim
você sentadinho no trampolim rindo de bermuda sem camisa
o trampolim é uma tábua oscilante fincada na parede

estico que nem anime de pirata
pernas balançando no ar como se estivessem na água
eu feliz de olhos molhados como se estivesse na água
conto que invadi sua casa outro dia, você não estava
não sei por que minha cabeça desvia pra um plano detalhe
uma madeira lascada no chão meus pés e a lenha desfigurada
de fato tomar um banho chuveiro elétrico demorado quente

lá está você no trampolim falando coisas de que não lembro
quero te fotografar, digo que quero te fotografar, você está
                                                      [lindo
(a voz no canto colabora com apontamentos desprezíveis)

solto o trampolim, essa imagem plantada no inconsciente por
[alice
você agora é só uma telinha sem definição
peço desculpas pela falta de recursos artísticos e materiais
as fotos podem não sair tão boas, não prometo nada

você virando parte do amarelo bege caio sem fim

miopia

hesita ante cada frase célere demais pra ser contida
conflito sutil desfile cada vez mais digressivo
como se me quisesse afogada em assuntos
dispersa demais pra notar que a voz oscila
as mãos tremem e falamos tão detalhadamente
quais cútis caem bem num paninho de pia
teu medo é eu interromper
pra jogar água na calçada
e espantar passarinhos dos teus pensamentos
já criando ninhos no meu

odradek

fosse madeira
seria chão de taco pau-brasil
fosse café da manhã
ovos mexidos também croissant

se tecido, claro, veludo
mas se peça de roupa
um longo e justo
lenço de seda no pescoço

se poema, sujo
se poesia, alguma

se lanche, proteína
se jazz, em havana
se doce, também ácido
se comida, da terra

seu pau
seria piloti
tubérculo foto
em preto branco

se gal seria
meu nome
se gente
fosse então
odradek

fantasia

> *ninguém sabe mas ele tem levezas de um fetinho.*
> ana c

> *pra que rimar amor e dor?*
> *na voz de* caetano

I

as flores que não foram enviadas a mim
ferem mais do que curariam
se eu as recebesse

o ciúme me serve pra receder teu tamanho em mim
afastá-lo antes que eu perca um polegar opositor

II

não há nada mais romântico que trocar versos
e partilhar um cigarro

macular isso me medra e expõe
à decomposição dos fatores básicos

vou muito bem

saio, cozinho, faço compras
passo o cartão, ligo o computador
vejo as notas no site da faculdade

   ******

nem lembro de você cada
vez que digito uma senha

deslizes de estilo

a christiane jatahy

a diretora estirada no meio do palco
desasseada desmancha a cena
desvenda detalhes desanimados

se desfraldando meu lugar na décima fila
e distraída tocasse uma dúbia tela azul
luz que doravante delataria a dupla obra
(destino derme indiscutível) da face humana
desbancaríamos dali a distinta designer
que dormia

e desnecessário seria derivar diversas
desculpas dentro desta quem quer que
inadvertida
houvesse dantes ofendido
(nunca foi de bom tom falar
a um virtual desconhecido)

se desmaiadas detectassem
que desistimos em sitiado deserto
e deus detesta a distância the doors
desarvoraríamos dendrâmicas diante do front
(senhoras desastradas de todas as armas
óbvias inúteis desde a clausura)
e derradeiras deteríamos
o dístico à deriva

espírito do erro

perdi-o na máquina impassível
que me bombeia os músculos
o tempo do amor é outro, por certo
é de resgate perene, de presente em tudo

da flor que nasceu na pedra tirei pétala por pétala
esmaguei os miolos com desejosos dedos de sentir
fragilidade descartada em nome do óbvio
leviana e destemidamente, claro
arrastei-os a um balde de nojo e medo

não sabendo lidar com o que me apavora
tentei ser monstro

venho me equivocando todos estes anos
e volta a lição do pai desubicado:
sê humilde.

tento me desculpar com as outras
de mim despedaçadas
e não sei o que fazer com tantos braços

truque em cima de truque

nossos prazos têm mais telas
nossa vida mais valores
desculpe, pai carlos, se não fiz feito
das palavras convivência

a arte existe, a vida não basta,
e nos ombros o peso de saber
explodir a bomba nuclear
sem jamais fabricá-la

ó finge que este é um cartão-postal,
me diz se mário corresponderia
à instantaneidade da palavra
e tu? enjeitarias a máquina fosse ela
do tamanho da informática?

aiai carlinhos, teu tempo tem penhores
que tais não encontro eu cá
não permita que eu corra
onde for de espreguiçar

kitnet de vidro

mudei-me de uma casa grande pra uma kitnet
de modo que as poucas paredes têm muitos espelhos
o que me faz estar sempre atrasado

na rua, a gente se defende parecendo limpa
no entanto, se encontra um par de pupilas coloridas
panegiria geleia geral nem nota o vidro baço

tudo pode deslizar muito rápido a ponto
de não se poder distinguir o chão
do que vem do ventre da terra

não é arte

você segura o pote de brócolis
como quem porta um insensato
drink vietnamita que leva pimenta e coentro
mas você não come coentro
e não tanka pimentas insensatas
você segura o pote de brócolis
e não percebe que o brócolis sou eu
desmanchando de tanto cozinhar
sem sal sem corpo sem cheiro
brócolis cozido demais é uma insensatez
você segura o pote de brócolis sem entender por
que a poesia pós-moderna reside
na aguinha que sobra dele
na panela

Posfácio

As fronteiras lejanas da linguagem

Kitnet de vidro é uma estreia *rara*, um lance singular no meio da poesia brasileira contemporânea. Os motivos são um monte, e os leitores mais atentos certamente vão descobrir um ou outro que eu nem percebi, e é assim que o livro de Diuli de Castilhos, acho eu, deve aparecer, ser recebido e seguir vivo nos caminhos que mais interessam nesse cenário cada vez menos apreensível que insistimos — até eu, ali no começo — em chamar de "poesia brasileira contemporânea".

A força da poesia de Diuli, na verdade, vem sobretudo do modo como ela se afasta de certas tendências dominantes nesse cenário — muito embora parta das mesmas fontes e referências (a tradição modernista brasileira, a poesia de Ana Cristina Cesar e de Angélica Freitas, a canção brasileira, o rock, a internet, o cinema e a TV, os desenhos animados, enfim, todo esse modernismo popular que foi a educação sentimental daqueles que mais recentemente — de umas décadas pra cá — passaram a procurar algum lugar para a sua arte na dita tradição da poesia brasileira).

Não custa lembrar: embora as referências possam ser as mesmas, os pontos de vista sobre elas, os modos como elas se refletem na vida, o território e o tempo de onde são observadas e fruídas variam muitíssimo e tantas vezes se antagonizam — de modo que a tropicália (ou, mais propriamente, Caetano Veloso) aparece nomeada e ironizada através da sua própria poética em "estrume do amor": "é tão inacessível falar de ciúme/ que o maior poeta da tropicália/ ainda que insistisse/ o melhor que conseguiu/ foi uma rima de merda"; de modo, ademais, que da poética de Ana C. se pode aproveitar o charme e a graça, mas também o *blues do coração* que conduzia a poesia da carioca por entre labirintos musicais e rítmicos fundados na atenção detida à *palavra* como unidade em que se radica o sentido sonoro e semântico do verso.

No poema "150bpm" se nota isso com nitidez: "(no fundo do fone/ kim sun sola como o/ nono beatle em st fco/ de repelo acometido/ em torpe soroche)" — quando a descrição/narração de um cenário e de um momento específicos na Praça da República se revelam ao leitor não pela fidelidade narrativa derivada de uma aposta na força do texto como meio para fazer retratos da "realidade", mas pela liberdade de uma poeta que se entrega a uma outra via oferecida pela poesia, menos agarrada à ideia de registro e mais ligada nas possibilidades de invenção.

Daí inventam-se ritmos; daí inventam-se palavras — ou elas são raptadas de outras línguas e integradas ao poema muitas vezes escrito num *português brasileiro* que os normativos colocariam sob suspeita, intuindo um dialeto, notável em "colono ápice", que mira justamente as normas, definidas como frágeis totens, como cercas que tentam reter uma forma que sempre quer e vai escapar: "fantasia avançar a fronteira lejana / derrubar frágeis totens / arrastar a cada gesto uma / cerca que pretende dar conta / de mim que sou gás"; daí, ademais, inventam-se até novas formas e novos movimentos para os corpos, como nesta passagem de "vila buarque": "variações diatópicas diacrônicas diastráticas / dialógicas diafóricas diadrômicas diagonais / na cama imensa".

E é bom tocar nesse assunto — o corpo — porque com isso se pega logo a visão de que a liberdade e a invenção formal da poesia de Diuli não caem nunca num experimentalismo estéril ou fechado sobre si mesmo, e o erotismo é uma das vias que a autora mais recorrentemente toma para dar vitalidade a sua poesia, quase sempre aliando-a também a um humor mordaz, como acontece em "subsumido": "ao pé do mormaço trinta e oito / um pequeno submarino mete-se / pela minha vagina // está nele um homúnculo / sucinto ginete do pélago chão / que mal habituado o olhar / queda adesivo à paisagem".

Essa mesma vitalidade se nota na relação da poeta com a realidade deprimente e deprimida do trabalho e com a cidade, seja com os horários e horizontes estreitos do cotidiano urbano ("(esse ensaio é performático / do calor escarlate / não cabe no horário do ônibus)"); seja com as ruas ainda pouco conhecidas do bairro ("ruas que conheci primeiro / pela tua boca de nomes inteiros / quando bato o olho na placa / coração dá três freminhos"); seja com a sua feiura ("minha aura apenas pui / descendo do busão / na cidade mais feia de tudo") ou mesmo com a reinvenção de uma ideia de adaptar-se a uma cidade como São Paulo, como se nota em "poema da cidade sem fim": "subo a consolação de costas / à procura dum encaixe esterno / que guarde minha cara do chão".

De olho e sobretudo de ouvido ligados no seu tempo, a

poesia de Diuli não busca confundir-se inteiramente com ele, muito menos fingir que está longe do seu alcance. A partir do imaginário estelar do cinema, das séries de TV e das canções britânicas, das ideias do amor romântico e moderno, do tédio e do saco cheio abatendo o espírito da época, da poesia de vanguarda, das encenações das redes sociais — a partir de tudo isso, Diuli parece vislumbrar, indicar e abrir caminhos para aqueles que não se contentam com a adesão, não entendem a poesia como meio para confirmar as formas da ideologia contemporânea, mas sim como um caminho para a sua superação ou a sua subversão.

O caminho que Diuli aponta é o da palavra — entendida aqui ainda como um meio viável e vivo para a invenção e a renovação da linguagem artística e dos modos de estar neste mundo no qual nos coube estar, todos nós, conterrâneos e desterrados no tempo.

Rodrigo Lobo Damasceno

agradecimentos

Cide Piquet, Roberta Regina, Carol Neumann, Isabel Gomes, Luiza Duso, Rodrigo Lobo Damasceno, Leonardo Gandolfi, Filipe Moreau, Maite Celada, Michele Soares, Ronaldo Bressane, Eliakim Ferreira Oliveira, Guilherme Ziggy, Susy Freitas, Barbara Cristina, Felipe Larroyd, Clayton Mariano, Leonardo Gomes Sanchez e Tadzio Veiga. Obrigada.

índice

pequenas brutalidades

13 lisa matilda
14 desculpe, linda
16 helena boa não cuida de suas coisas
17 do verso de um geertz
18 poema da cidade sem fim
19 desbiciclética
20 passou por aqui
21 150bpm
22 vila buarque
23 se inteligente me punha logo dúvida
24 tarecos
25 nascente
26 estrume do amor
28 ulisses
29 você pode, por ora, se concentrar em me agarrar?

açoites de açúcar

33 a depender, o cu
34 lições maternas
35 rua das acácias
36 transato
37 viver é tedioso
39 terça-feira
40 paciência
41 drummond foi o maior poeta da depressão, além de tudo
44 subsumido
46 todas as pessoas com internet se apaixonaram por joseph quinn
47 término
48 ensimesmo
49 teoria estética da nudez
50 colono ápice
51 nota para escrever um poema sobre herpes

soslaio êxtase

55　quero que você me leia
56　atrasos pontuais
58　espelho
59　cacto dos mares
60　o que você me disse em sono
61　sonho do trampolim
63　miopia
64　odradek
65　fantasia
66　vou muito bem
67　deslizes de estilo
68　espírito do erro
69　truque em cima de truque
70　kitnet de vidro
71　não é arte

75　**posfácio** *As fronteiras lejanas da linguagem*, por Rodrigo Lobo Damasceno

COLEÇÃO POESIA ORIGINAL

Quadripartida	PATRÍCIA PINHEIRO
couraça	DIRCEU VILLA
Casca fina Casca grossa	LILIAN ESCOREL
Cartografia do abismo	RONALDO CAGIANO
Tangente do cobre	ALEXANDRE PILATI
Acontece no corpo	DANIELA ATHUIL
Quadripartida (2ª ed.)	PATRÍCIA PINHEIRO
na carcaça da cigarra	TATIANA ESKENAZI
asfalto	DIANA JUNKES
Caligrafia selvagem	BEATRIZ AQUINO
Na extrema curva do caminho	JOSÉ EDUARDO MENDONÇA
ciência nova	DIRCEU VILLA
eu falo	ALICE QUEIROZ
sob o sono dos séculos	MÁRCIO KETNER SGUASSÁBIA
Travessia por	FADUL M.
Tópicos para colóquios íntimos	SIDNEI XAVIER DOS SANTOS
Caminhos de argila	MÁRCIO AHIMSA
apenas uma mulher	ALICE QUEIROZ
a casa mais alta do coração	CLARISSA MACEDO
Pidgin	GABRIELA CORDARO
deve ser um buraco no teto	CAMILA PAIXÃO
caligrafia	ALEXANDRE ASSINE
kitnet de vidro	DIULI DE CASTILHOS
o idioma da memória	MÁRCIO KETNER SGUASSÁBIA
Para salvar a alma de um poeta	LAINARA
Na proa do trovão	MAURÍCIO ROSA
não era uma cidade	RODRIGO LUIZ P. VIANNA
Véu de Netuno	MARIÂNGELA COSTA
matéria e miragem	RICARDO THOMAZ DE AQUINO
não era uma cidade	RODRIGO LUIZ P. VIANNA
A parte mais bonita do corpo	LUÍSA MONTEIRO

© 2024 por Diuli de Castilhos.
Todos os direitos desta edição reservados à Laranja Original.

www.laranjaoriginal.com.br

Edição Filipe Moreau
Projeto gráfico Marcelo Girard
Produção executiva Bruna Lima
Diagramação IMG3

Dados Internacionais de Catalogação na Publicação (CIP)
(Câmara Brasileira do Livro, SP, Brasil)

Castilhos, Diuli de
  Kitnet de vidro / Diuli de Castilhos. – 1. ed. –
São Paulo : Laranja Original, 2024. – (Poesia
original)

ISBN 978-85-92875-83-1

1. Poesia brasileira I. Título. II. Série.

24-221781   CDD-B869.1

Índices para catálogo sistemático:
1. Poesia : Literatura brasileira B869.1
Cibele Maria Dias - Bibliotecária - CRB-8/9427

Laranja Original Editora e Produtora Eireli
Rua Isabel de Castela, 126
05445-010 São Paulo SP
contato@laranjaoriginal.com.br

Papel Pólen Bold 90 g/m² / *Impressão* Psi7 / Tiragem 50 exemplares